Genussmenschen

Die Vorstellung, dass Clowns gerne essen und genießen, ist nicht so abwegig, sieht man es doch manchem sogar ein bisschen an und die Begeisterung für gutes Essen kann wunderbar in die Clownsfigur übernommen werden. Essen ist auch immer ein gutes Thema bei Jung und Alt, da kommt man schnell auf die Lieblingsspeisen und kann schöne Geschichten darum erfinden.

Dass KlinikClowns auch gerne kochen, rühren und backen, davon hat man noch nicht so oft gehört. Dem schaffen wir jetzt Abhilfe mit diesem Buch! Die Idee, ein Kochbuch mit den Lieblingsrezepten der KlinikClowns Bayern herauszugeben, ist gleich auf positive Resonanz gestoßen, sodass manche Clowns gleich mehrere Rezepte beisteuern. Herzlichen Dank an alle Köchinnen und Köche!

Es ist ein buntes, abwechslungsreiches Buch entstanden mit mal einfachen, mal schwierigeren Rezepten, liebevoll gestaltet von der Grafikerin Stefanie Gekle, dafür auch ein großes Dankeschön.

Wir freuen uns, wenn Sie unser Buch verschenken oder selbst behalten und einiges daraus nachkochen. Mit dem Kauf unterstützen Sie unsere Arbeit in den unterschiedlichsten Bereichen, danke dafür!

Wir wünschen Ihnen viel Spaß, gutes Gelingen (wenn es schwierig wird hilft, einfach darüber zu lachen) und besten Genuss!

E. Makepeace-Vo

Elisabeth Makepeace-Vondrak
Vorsitzende KlinikClowns Bayern e.V.

im Oktober 2021

HERZHAFTES

Inhalt

SÜSSES

Herzhaftes

Dreierlei vom Fisch

... eine exquisite Vorspeise

LOS GEHT'S:

Minicupcakes mit Lachs & Meerettichsahnehäubchen

- 110 ml Milch
- 60 ml Rapsöl
- 2 Eier
- etwas Salz
- eine Handvoll Parmesan, frisch gerieben
- 3 EL frisch gehackte Petersilie
- 110 g Mehl
- 1 gestr. TL Backpulver
- 150 g Tomate, klein gewürfelt
- 150 g Räucherlachs, klein gewürfelt

Oben drauf:

- 100 g Frischkäse
- Saft von ½ Zitrone
- 3 EL geriebener Meerrettich aus dem Glas
- 150 g Schlagsahne, steif geschlagen
- Salz, Pfeffer
- Schale von 1 Zitrone, frisch gerieben

SO ENTSTEHEN 24 MINI-CUPCAKES:

Für den Teig Milch mit Öl und Eiern mit dem Schneebesen verrühren. Parmesan, Petersilie und Salz unterrühren. Mehl mit Backpulver mischen und unterrühren. Zuletzt Lachs und Tomatenstücke unterrühren. Masse in gefettete und mehlierte Minicupcake-Formen füllen. Bei 180 °C 10-12 Minuten goldgelb backen. Auskühlen lassen.

Für das Topping Frischkäse, Zitronensaft und Meerrettich, gut mischen, die Sahne vorsichtig unterheben, mit Salz und Pfeffer abschmecken und die Masse in einen Spritzbeutel füllen.
Auf die Küchlein kleine Sahnehäubchen aufspritzen und mit Zitronenschale garnieren.

WEITER GEHT'S:

Wachteleier mit Forellenkaviar

- 12 Wachteleier
- 1 Gläschen Forellenkaviar

SO ZAUBERT MAN 12 HÄPPCHEN:

Wachteleier in kochendem Wasser 3-4 Minuten hart kochen, abschrecken, vorsichtig schälen. Je ein Ei in zwei Hälften auf dem Vorspeisenteller mit Forellenkaviar anrichten.

UND NOCH EINS:

Pumpernickel mit Forellenfrischkäse

- 3 kleine geräucherte Forellenfilets
- 3 Frühlingszwiebeln, klein gehackt
- Frischer Dill, fein gehackt
- 1 Zitrone
- 300 g Frischkäse
- 1 Schuss weißer Portwein
- Salz, Pfeffer
- 12 Scheiben runder Pumpernickel
- Birnenscheibchen von 1 Birne
- 1 Schachtel (lila) Kresse

SO WERDEN'S NOCH MAL 12 HÄPPCHEN:

Forellenfilets in einer Schüssel mit einer Gabel zerkleinern. Frischkäse mit Zitronensaft und Portwein, Salz und Pfeffer verrühren. Frühlingszwiebel, Dill und Forellen-filets unterrühren. Eventuell mit dem Stabmixer pürieren. Forellencreme auf Pumpernickelscheiben anrichten und mit Birnenscheibchen und Kresse garnieren.

Je ein Pumpernickelscheibchen zu den anderen beiden Komponenten auf die Vorspeisenteller geben oder alle Häppchen auf einem großen Teller in der Mitte des Tisches servieren.

Eine Vorspeise, die jeder leicht hinbekommt, die aber richtig was „hermacht", wenn Gäste kommen. Auch als kleiner Snack zum Weißwein sehr lecker!

von Dr. Würschtl

Rettichsuppe

DIE SUPER-SUPPEN-ZUTATEN:

- 2 Rettiche
- 20 g Butter
- etwas Zitronensaft
- 800 ml Brühe
- 1 Becher Schmand
- 1 EL Mehl
- Salz, Pfeffer, Muskat
- Schnittlauch

UND NUN WIRD'S HEISS:

Rettich schälen und raspeln.
Butter aufschäumen.
Rettich darin andünsten.
Mit Brühe und Zitronensaft ablöschen.
Mehl mit Schmand verrühren und die Suppe damit binden.
Mit Salz & Pfeffer abschmecken.
Schnittlauch waschen, fein schneiden und Suppe damit garnieren.

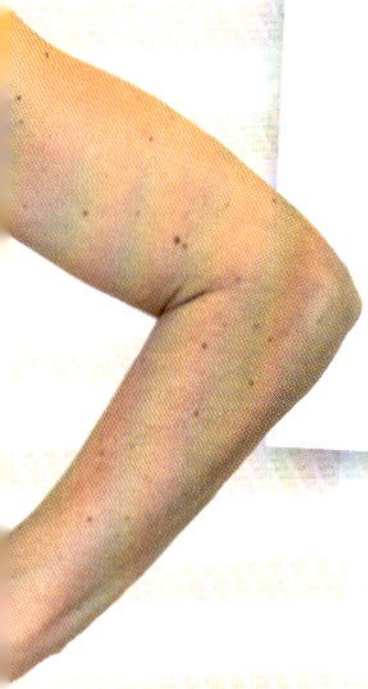

von Fanni Punktum

Otties Flammkuchen

JETZT WIRD'S HERZHAFT:

- 200 g Mehl
- 1 TL Salz
- 1 EL Öl
- 110 ml Wasser
- 200 g Schmand oder Saure Sahne
- 2-3 Zwiebeln
- 100 g Speck,
  in feinen Streifen oder Würfeln

DANN AUGEN ~~ZU~~ AUF UND DURCH:

Aus Mehl, Salz, Öl und Wasser einen Teig herstellen.
Den Teig solange kneten, bis dieser nicht mehr an den Händen kleben bleibt, ansonsten noch etwas Mehl unterarbeiten.
Mindestens 30 Minuten ruhen lassen.

Schmand oder saure Sahne glatt rühren.
Die Zwiebeln abziehen, halbieren und in dünne Streifen schneiden.

Erst so (schnief) ...

... dann so (schnief-schnief) ...

Den Teig nun auf einer mit Mehl bestäubten Arbeitsfläche mit dem Nudelholz schön dünn ausrollen und auf ein mit Backpapier ausgelegtes Backblech geben. Jetzt mit Schmand bestreichen, Zwiebeln darauf verteilen und mit dem Speck bestreuen.

Im vorgeheizten Ofen bei mindestens 200 °C gut 20 Minuten backen.

... und dann so lecker (freu-freu-freu)!

von Ottie

Dazu passt ein Glas gekühlter Weißwein.

Hähnchen

mit karamellisierten Zwiebeln & Kardamomreis

SOOOO VIELE LECKERE ZUTATEN:

- 40 g Zucker
- 25 g Berberitzen oder Korinthen
- 4 EL Olivenöl
- 2 mittelgrosse Zwiebeln (250g), in feine Ringe geschnitten
- 1 kg Hähnchenkeulen oder 1 Hähnchen (Bio), geviertelt
- 10 Kardamomkapseln
- 4 Gewürznelken
- 2 lange Zimtstangen, halbiert
- 300 g Basmatireis
- 550 ml kochendes Wasser
- 1 TL gehackte Petersilie, Dill und Koriandergrün
- Salz und schwarzer Pfeffer
- 100 g griechischer Joghurt

KLINGT VIELLEICHT ETWAS AUFWENDIG UND KOMPLIZIERT, ABER MACHT SICH FAST VON ALLEINE:

Den Zucker mit 40 ml Wasser in einem kleinen Topf erhitzen, bis er sich aufgelöst hat. Vom Herd nehmen, die Berberitzen hinein geben und in dem Sirup einweichen (bei Korinthen entfällt das Einweichen).

Die Hälfte des Öls in einer grossen Deckelpfanne erhitzen und die Zwiebeln 10-15 Minuten bei mittlerer Hitze braun anbraten. Gelegentlich umrühren. Die Zwiebeln in eine kleine Schüssel füllen.

Die Hähnchenstücke in einer grossen Schüssel mit 1-2 TL Salz und mit Pfeffer würzen. Das restliche Öl und die Gewürze hinzufügen und alles mit den Händen vermengen. Das Fleisch in die Pfanne geben und auf jeder Seite 5 Minuten anbraten. Hähnchenstücke anschließend heraus nehmen.

Den Reis und die angebratenen Zwiebeln in die Pfanne geben und mit 1 TL Salz und reichlich Pfeffer würzen. Die Berberitzen abgiessen und dazugeben. Gut umrühren, das Fleisch darauf legen und in den Reis drücken.

Das kochende Wasser angiessen, den Deckel auflegen und das ganze 30 Minuten bei sehr geringer Hitze köcheln lassen. Die Pfanne vom Herd nehmen, den Deckel abheben und die Pfanne sofort mit einem Geschirrtuch bedecken. Den Deckel wieder auflegen und das Gericht 10 Minuten ruhen lassen. Zum Schluss mit einer Gabel die Kräuter untermischen und den Reis auflockern.
Noch einmal abschmecken und heiß oder warm servieren. Nach Belieben Joghurt dazu reichen.

Ich verwende oft etwas mehr von den köstlichen Gewürzen und gebe die Hähnchenkeulen am Ende, vor dem Servieren, nochmal in den vorgeheizten Ofen (Grillfunktion), um die Haut wieder schön knusprig zu braten!

Risotto ai porcini secchi

Risotto mit getrockneten Steinpilzen

INGREDIENTI:

- 300 g Risottoreis
  z. B. Carnaroli, Valeone, Arborio
- 50 g getrocknete Steinpilze
  10 Minuten eingeweicht
- 2 EL Olivenöl
- 1 große Zwiebel
- 1 Zehe Knoblauch
- ca. 70 g Parmesan
- 100 g Butter
- 1 l heiße Gemüsebrühe
- 1 EL Petersilie
- 1 Prise Muskat

Risotto ist DAS Lieblingsgericht von „Trudi" und sie hat schon einige Koch-Methoden ausprobiert. Es soll nämlich schon cremig werden. Auch wenn die Konsistenz mal mehr, mal weniger flüssig war, geschmeckt hat es immer!

von Dr. Trudi Eierfleck

METODO UNO:
Die heiße Gemüsebrühe bereitstellen.
Zwiebeln und Knoblauch fein hacken.
Öl und 2 EL Butter im Topf erwärmen.
Zwiebel und Knoblauch darin glasig werden lassen. Reis dazugeben und mitschwitzen lassen.
Wenn der Reis zu „singen" beginnt, einen Schöpfer Gemüsebrühe dazu und rühren.
Sobald die Flüssigkeit verdampft ist, wieder einen Schöpfer dazugeben und RÜHREN, RÜHREN, RÜHREN...
Steinpilze mit Einweichwasser dazu und RÜHREN, RÜHREN, RÜHREN...
Nach und nach die Flüssigkeit zugeben.
Zum Schluss Muskat, Parmesan und restliche Butter unterheben. Mit Petersilie garnieren.

METODO DUO: (nach dem italienischen Koch Gabriele Ferron)
Gemüsebrühe kochen, Reis dazugeben.
In einem extra Topf Zwiebeln und Knoblauch in Olvenöl / Butter anschwitzen.
Pilze dazu geben.
Wenn der Reis 15 Minuten gekocht hat, die Zwiebel-Pilz-Mischung dazugeben.
Leintuch auf den Topf und Deckel drauf. Hitze aus. 10 Minuten ruhen lassen.
Dann Butter, Parmesan,Muskat und Petersilie dazu geben.

Konfetti-spätzle à la Lupine

DAMIT WIRD'S BUNT:

- 900 g Spätzlemehl
- 9 Eier
- 300 ml Sprudelwasser
- 3 TL Salz
- 200 g Rote Beete aus dem Glas
- 300 g Blattspinat, frisch oder gefrorenen

UND JETZT GEHT'S RUND:

Spätzlemehl, Eier, 2 TL Salz und Sprudelwasser in einer großen Rührschüssel zu einem glatten Teig verrühren. Mit dem Schneebesen oder einem Holzlöffel den Teig in der Schüssel schlagen, so dass Luft in den Teig kommt und er Blasen schlägt. Danach den Teig in drei gleich große Portionen teilen.

Die Rote Beete mit einem Zauberstab pürieren und unter einen Teil des Teiges mischen. Den Rote Beete-Spätzleteig evtl. mit etwas Salz nachwürzen.

Den Spinat, wenn tiefgefroren auftauen oder in einem Topf erwärmen bis er aufgetaut ist, das Wasser ausdrücken. Den Spinat pürieren und unter einen zweiten Teil des Teiges mischen.

In einem großen Topf Wasser mit 1 TL Salz bis kurz vors Kochen bringen. Eine Spätzlereibe auf den Topf legen. Am besten mit dem normalen Spätzleteig anfangen und eine Portion Teig in den Topf reiben und ca. 1 Minute im heißen Wasser ziehen lassen. Mit einem Schaumlöffel aus dem Topf holen und in eine Schüssel mit Eiswasser geben. Hier kurz auskühlen und dann in ein Sieb geben. So mit allen drei Spätzleteigen verfahren.

von Frl. Lupine

Zu den Konfettispätzlen passen gut ein grüner Salat und eine Soße nach Wahl (Tomaten- oder Bratensoße).

Clown-Sandwiches

von Maggie McDudel

TAKE THAT:

- 8 Scheiben weißer Sandwich-Toast
- 1 kleines Stück Salatgurke
- 2 Cocktailtomaten (für die Clownsnasen)
- 4 kleine Mozzarella-Bällchen (für die Augen)
- 80 g Frischkäse
- Entweder Fertigmischung
  Ketchup & Mayonnaise (gestreift)
  oder etwas Ketchup und etwas Mayonnaise
- ½ Bund Schnittlauch (für die Haare)
- ½ Bund Petersilie (auch für die Haare)

DO THIS:

1 Die Sandwich-Toasts mit einer großen runden Ausstechform kreisrund ausstechen (oder um eine runde Form herum mit einem Messer ausschneiden).
Die Salatgurke schälen und in Scheiben schneiden. Die Tomaten waschen und halbieren.
Die Mozzarella-Bällchen halbieren.

2 Die Brotscheiben mit dem Frischkäse bestreichen und auf vier Brote die Gurkenscheiben darauflegen. Die restlichen Brotscheiben mit der Käseseite innen darauflegen.

3 In die Mitte jedes Brotes eine Tomatenhälfte als Nase setzen. Je 2 Mozzarella-Bällchen auf jedes Brot als Augen setzen und mit einem Spieß Ketchup-Linien darauf malen.

4 Clownsmund mit einer Linie Mayonnaise und zwei Ketchup-Linien darauf malen (alternativ: Augen und Mund mit Ketchup-Mayo-Mischung darauf spritzen).
Etwas Frischkäse als Haarlinie darauf streichen.
Kräuter waschen. Petersilie von den Stielen zupfen. Schnittlauch in kurze Stücke schneiden.
Petersilie und Schnittlauch auf den Frischkäse als Haare darauf kleben (je 2 Brote).

ONE ...

... TWO ...

... THREE ...

... READY!

Die lustigen Clown-Sandwiches eignen sich prima für Kindergeburtstage oder Motto-Partys.

Massaman Curry

AUF IN DEN ASIALADEN:

- 400 g Hähnchenbrustfilet (am besten in Bio-Qualität)
- 2 große Kartoffeln
- 700 ml Kokosmilch
- 50 g Massaman Paste
- 6-8 kleine Thai-Schalotten oder eine 1 (Thai-)Zwiebel
- 2 EL geröstete Thai-Erdnüsse
- ½ TL Salz (am besten aus Thailand)
- 1 EL Palmzucker
- 1 ½ EL Tamarindenpaste (in heißem Wasser aufgelöst)
- 1 EL Fischsauce
- 1 EL Pflanzenöl, z.B. Sojaöl
- ½ TL Zimt
- 3 getrocknete Lorbeerblätter
- 1 TL schwarzer Kardamom

von Dr. Ilsebill

SCHNAPP DIR DEN WOK UND LOS GEHT'S:

Zuerst werden die Hähnchenbrustfilets unter fließendem kalten Wasser abgewaschen und mit Küchenpapier trocken getupft. Danach wird das Fleisch in circa 3 cm große mundgerechte Stücke geschnitten. Anschließend werden die Kartoffeln geschält und in größere Würfel geschnitten.
Die Zwiebel wird geschält und geviertelt. Wer Thai-Schalotten verwendet, braucht sie nur zu halbieren.
In einem Wok, einer Wokpfanne oder in einem Topf wird das Pflanzenöl auf mittlere Stufe erhitzt und die Massaman-Paste darin verrührt, bis es zu duften anfängt.
Dann erst kommt die Hälfte der Kokosmilch dazu.
Gut rühren, bis die Paste und die Kokosmilch zu einer homogenen cremigen Flüssigkeit geworden sind.
Anschließend gibt man die Stücke des Hähnchenbrustfilets, Lorbeerblätter, Kardamom, Salz, den zerstoßenen Palmzucker, Zimt, Fischsauce und in heißem Wasser aufgelöste Tamarindenpaste hinzu und lässt alles für 10-15 Minuten garen. Gelegentlich umrühren.
Nachdem das Fleisch gegart ist, gibt man die restliche Kokosmilch mit den Schalotten, den gewürfelten Kartoffeln und den Erdnüssen hinzu.
Jetzt lässt man das Curry noch ca. 20 Minuten köcheln bis die Kartoffeln gar sind.
Anschließend mit der in Wasser aufgelösten Tamarindenpaste und mit Fischsauce abschmecken.

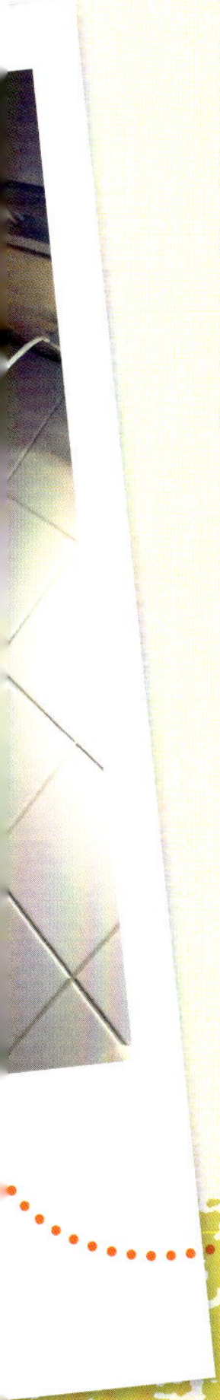

Traditionell wird zum Massaman Curry gedämpfter Jasminreis serviert.

Superkraft-Brot

Dieses gehaltvolle und obendrein gesunde Brot weckt Kräfte für den ganzen Tag und schmeckt zu jeder Gelegenheit: zum Frühstück mit einem Klacks Honig, mittags als kernige Beilage zur Suppe, zum Abendbrot mit herzhaftem Belag – oder auch einfach pur für zwischendurch.

DAMIT WIRD'S KERNIG:

- 100 g Hafermehl
- 200 g Haferflocken
- 75 g Sonnenblumenkerne
- 75 g Kürbiskerne
- 50 g Leinsamen oder Sesam
- 3 EL Flohsamen (ganz oder gemahlen)
- 3 EL Chiasamen
- 1 TL Salz
- 1 TL Brotgewürz
- 3 EL Kokosöl
- 1 EL Honig oder Agavendicksaft
- ca. 400 ml Wasser

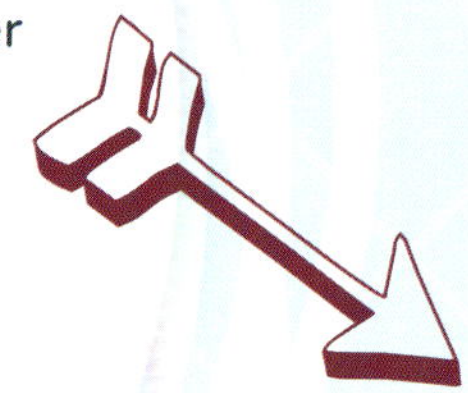

KNUSPER-KNUSPER-KASTENFÖRMCHEN:

Die trockenen Zutaten (Mehl, Flocken, Kerne, Samen, Gewürze) in einer großen Schüssel vermischen. Kokosöl schmelzen (in der Mikrowelle oder im Wasserbad) und mit Honig und Wasser zu den anderen Zutaten geben. Alles kräftig mit einem Holzlöffel vermischen. Es soll eine feste, aber nicht zu trockene Masse ergeben, also nach Bedarf noch etwas Wasser zugeben. Den Teig abdecken, mindestens 2 Stunden, oder besser über Nacht, an einem kühlen Ort quellen lassen.
Eine Kastenform gut fetten und mit etwas Haferflocken oder Sesam ausstreuen.
Die Masse hineingeben, gut festdrücken. Im Backofen auf mittlerer Schiene bei 180 °C 60 Minuten backen. Das Brot vorsichtig aus der Form stürzen und nochmals ca. 20-30 Minuten ohne Form weiterbacken (so bildet sich eine knusprige Kruste).
Vollständig auskühlen lassen und erst dann anschneiden.

TIPPS:

- Wer es etwas feiner mag, kann die Sonnenblumen- und Kürbiskerne in einem Blitzhacker zerkleinern.
- Besonders knackig wird es, wenn man zusätzlich 50 g Haselnuss- oder Walnusskerne zugibt.
- Das Brot kühl aufbewahren, am besten in einem Brotbeutel aus Stoff, und innerhalb von 3 Tagen verzehren.
- Das Brot lässt sich auch gut einfrieren. Dazu am besten in Scheiben schneiden. Etwas antauen lassen, dann im Toaster aufbacken und es schmeckt wie frisch.

von Stefanie Gekle
Grafik-Designerin

Die Lieblings-Quiche der Familie Makepeace

MAN NEHME:

- 1 Rolle Blätterteig
- 3-4 Stangen Lauch, ca. 900 g
- Öl
- 1 Bund Petersilie, gehackt
- 150 g Crème fraîche
- 100 g Sahne
- 100 g Reibkäse
  z.B. Mozzarella / Gouda
- Pfeffer, Salz
- Muskatnuss gerieben

MAN BEREITE ZU:

Den Lauch in dünne Ringe schneiden, in Öl anbraten bis er eine leichte Bräune hat, die gehackte Petersilie dazu geben, alles mit Salz und Pfeffer würzen.

Den Backofen auf 200 °C vorheizen.

Den Blätterteig (rechtzeitig aus der Verpackung nehmen und ausbreiten) ausrollen und eine kalt ausgespülte Quiche-Form damit belegen. Einen ca. 3 cm hohen Rand lassen, diesen dann einrollen.

Crème fraîche mit der Sahne und dem Käse verquirlen, mit Salz, Pfeffer und etwas Muskatnuss würzen.

Die Lauchmasse auf dem Teigboden verteilen und die Sahnemischung darauf gießen.

Die Quiche im heißen Ofen, auf dem Rost in der Mitte ca. 40 Minuten backen.

TIPP: Dazu passt Tomatensalat!

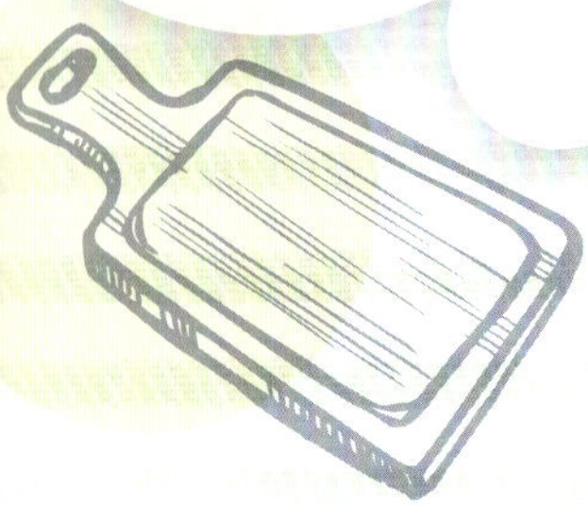

von Elisabeth Makepeace-Vondrak

Vorsitzende Klinik-Clowns Bayern e.V.

Szegediner Gulasch

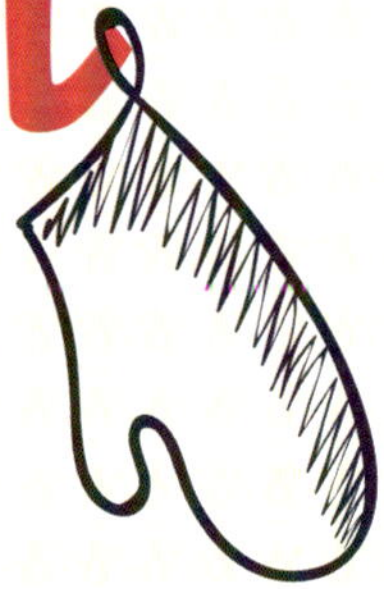

SAUGUTE ZUTATEN:

- 650 g Schweineschulter
- 2 Zwiebeln
- 3 EL Schweineschmalz
- 1 EL Rosenpaprikapulver
- 1 TL Salz
- 3 Paprikaschoten
- 2 Knoblauchzehen
- 1 TL Kümmel
- 3 EL Tomatenmark
- 500 g Sauerkraut
- 1/8 l saure Sahne
- 2 EL Mehl

UND RAN AN DEN TOPF:

Das Fleisch in 3 cm große Würfel schneiden. Die Zwiebeln klein würfeln und in dem Schmalz glasig braten, das Paprikapulver unterrühren und mit 3 EL Wasser ablöschen. Wenn das Wasser verdampft ist, die Fleischwürfel hinzufügen, salzen und zugedeckt 10 Minuten schmoren lassen.

Paprikaschoten klein schneiden, Knoblauch fein hacken und mit Kümmel und dem mit wenig Wasser angerührten Tomatenmark zum Fleisch geben.

Nach 20 Minuten das Sauerkraut unterrühren, alles in weiteren 30 Minuten garen.

Die saure Sahne mit dem Mehl verrühren und das Gulasch damit binden.
10 Minuten im offenen Topf etwas einkochen lassen.

von Dr. Bonbon

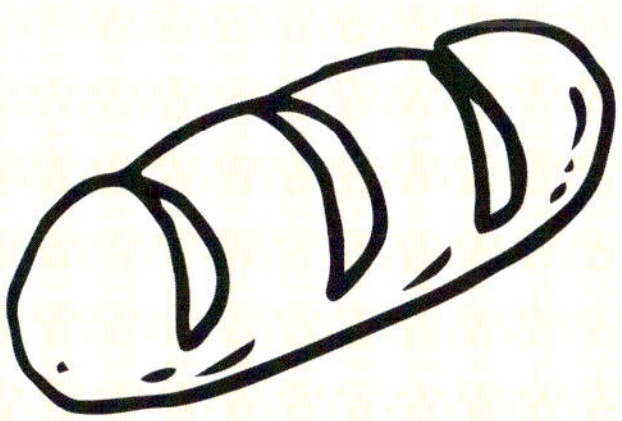

TIPP:
Dazu schmecken Nudeln oder Brot.

Uups' Lachs-Spinat-Lasagne

vorher...

DARAUS WERDEN 3–4 PORTIONEN:

- ca. 500 g Lachsfilet
- ca. 500 g Blattspinat
- 1 Zwiebel
- 50 g Butter
- 2 EL Mehl
- 350 ml Milch (geht auch mit laktosefreier Milch oder Sahne)
- ca. 200 g Lasagneblätter
- Salz, Pfeffer
- geriebener Käse und / oder Mozzarella nach Belieben

…nachher

von Dr. Uups

UND NUN DIE SCHICHTARBEIT:

Zwiebeln würfeln und gemeinsam mit dem Spinat andünsten.
Etwas Salzwasser dazu und kurz köcheln lassen.
Lachsfilet in Stücke oder Scheiben schneiden.
Béchamelsauce: Butter schmelzen und das Mehl darin anschwitzen. Das Mehl-Butter-Gemisch mit der Milch ablöschen, etwas salzen und 5 Minuten unter Rühren leicht köcheln lassen.
Die Béchamelsauce mit dem Spinat vermengen und nach Geschmack würzen.
Eine eingefettete Auflaufform nehmen und mit Spinatsauce beginnend Lasagneblätter und Lachsfilet mehrfach schichten.
Zum Schluss den geriebenen Käse darüberstreuen und mit Mozzarella abschließen.
Im Backofen bei 200 °C ca. 30 Minuten goldbraun backen.

Schneller Pesto-Tomaten-Toast

SO GEHT'S:

Backofen auf ca. 180°C vorheizen.
Die Toastbrotscheiben nebeneinander auf ein (mit Backpapier belegtes) Backblech legen und die Oberseite erst mit etwas Butter, dann mit Pesto bestreichen.
Die Tomaten waschen, in Scheiben schneiden und auf den Pesto-Toasts verteilen.
Die Tomatenscheiben mit Salz und Pfeffer würzen.
Mozzarella in Scheiben schneiden und auf die Tomaten legen. Alles bei ca. 180 °C ca. 12-15 Minuten im Backofen überbacken, bis der Käse Blasen wirft, dann ist es schon fertig!

Aber Achtung beim Essen mit dem heißen Käse und den heißen Tomaten: auch wenn's lecker schmeckt, lieber kurz etwas abkühlen lassen!

VARIATIONEN:

* Kalorienärmer: ohne Butter, dann allerdings besser das Ganze auf einem Rost (statt auf einem Blech) überbacken, damit die Toasts nicht zu weich werden.
* Toastbrot durch Baguette (in fingerdicken Scheiben) ersetzen und jede Baguette-Scheibe nach dem Bestreichen mit nur einer Scheibe Tomate und nur einer Scheibe Mozzarella belegen, z. B. als Vorspeise oder lauwarm/kalt als Fingerfood.
* Mozzarella durch frisch geriebenen Parmesan ersetzen.

DARAUS WIRD'S GEMACHT:

- 12 Scheiben Toastbrot
- Butter
- 2 Mozzarella-Kugeln (je 125 g)
- 1 Glas (ca. 135 g) Pesto alla Genovese
- Ca. 6 bis 8 große Tomaten
- Schwarzer Pfeffer
- Salz

von Fr. Dr. Hä

… wenn mal schnell was Warmes auf den Tisch soll

Indische Kartoffelpfanne

mit Kokos-Knoblauch-Topping

DAS KOMMT IN DIE PFANNE:

- 120 g gekochte und ausgekühlte Kartoffeln, grob gewürfelt
- 540 g gekochte Kichererbsen
- ½ EL Erdnussöl
- 2 TL Koriandersamen
- 1 TL Kreuzkümmel
- 1 ½ TL Kurkumapulver
- 1 kleine Chilischote, fein gehackt
- 1 Dose Kokosmilch
- 400 g Wasser
- Salz, Pfeffer
- Saft einer Zitrone
- 2 große Zehen Knoblauch, gepresst
- 3 EL Kokosraspeln
- nach Geschmack: etwas Koriandergrün, gehackt

von Schlaubi

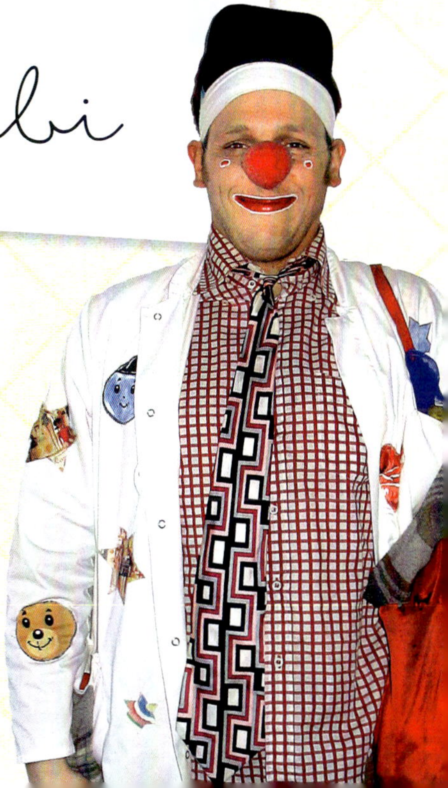

UND SO WIRD'S LECKER IN DER PFANNE:

Koriander und Kreuzkümmel fein mörsern und zusammen mit Kurkuma und Chili im Erdnussöl anbraten, bis es duftet. Mit Kokosmilch ablöschen. Wasser, Kartoffeln und Kichererbsen einrühren und 10 Minuten einköcheln lassen. Mit Pfeffer, Salz und Zitronensaft abschmecken.

In einer kleinen Pfanne wenige Tropfen Erdnussöl erhitzen und darin den Knoblauch andünsten, dann die Kokosflocken einrühren und sie mitrösten, bis sie hellbraun sind. Dann sofort in eine Glas- oder Porzellanschale füllen, damit es nicht mehr weiter bräunt.

Die Kartoffeln im Teller anrichten, mit Kokos-Knoblauch-Mischung und eventuell Koriandergrün bestreuen.

Süßes

Tarte Tatin

DIE TATATÄÄTARÄÄ-ZUTATEN:

- 200 g Mehl
- 2 EL Puderzucker
- 1 Prise Salz
- 100 g kalte Butter
- 1 Ei
- 2 EL eiskaltes Wasser
- 750 g Äpfel
- 125 g Puderzucker
- 2 EL Wasser
- 125 g Butter

GEHT DA NOCH WAS?

Wer mag, kann den Teig mit
- etwas Vanille

und die Äpfel mit
- etwas Zimt

verfeinern.

NASE AUF UND LOS GEHT'S:

Der Teig: Mehl, 2 EL Puderzucker, Salz und Butter (in kleinen Stückchen) in einer Rührschüssel mit den Knethaken vermischen. Dann das Ei unterrühren. Zum Schluss das eiskalte Wasser hinzufügen. Alles zu einem glatten Teig verrühren und diesen in Frischhaltefolie eingewickelt für 30 Minuten in den Kühlschrank stellen.

Die Äpfel: Am besten nimmt man eine feste und leicht säuerliche Sorte. Die Äpfel nach dem Waschen schälen, entkernen, vierteln und dann jeweils in drei Spalten schneiden. Zur Seite stellen.

Das Karamell: Puderzucker in einer gusseisernen Tarte-Tatin-Pfanne erhitzen und zum Karamellisieren bringen. Dann vorsichtig das Wasser dazugeben und unterrühren, dabei aufpassen, dass die Masse nicht zu dunkel wird. 125 g Butter in Stücke teilen, dazugeben und schmelzen lassen. Die Apfelstücke in der Tarte-Tatin-Pfanne kreisrund verteilen und noch kurz bei niedriger Temperatur köcheln lassen.

Den Teig aus dem Kühlschrank nehmen und in der Größe der Tarte-Tatin-Pfanne ausrollen. Die Zuhilfenahme der Frischhaltefolie erleichtert die Sache. Den runden Teig auf die Pfanne geben und die Ränder einschlagen. Das Ganze kommt für 30-35 Minuten in den vorgeheizten Backofen (auf 200 °C vorheizen, Umluft 180 °C).
Die Tarte Tatin 10 Minuten abkühlen lassen und dann mit einem Schwung auf die Kuchenplatte stürzen.

Diese Tarte ist für mich als Clown der beste Kuchen.
Allein schon der Name: Tarte Tatin (ausgesprochen Tarttatä – klingt wie Tatatäätaräää) und es ist der einzige Kuchen, den ich kenne, der auf dem Kopf gebacken wird.
Also lasst ihn Euch schmecken!

von Roger Palletti

Tata...

...tää...

...taräää...

Mizzis Glückskekse

DIE GLÜCKSZUTATEN:

- 2 Eiweiß (Eiergröße M)
- 75 g Mehl (gesiebt)
- 25 g Mandeln (gemahlen)
- 1 kleine Prise Salz
- 100 g Puderzucker (gesiebt)
- 50 g weiche Butter
- 1 Tr. Bittermandelöl

ERSTMAL DIE FÜLLUNG:
Streifen mit Glückssprüchen, Witzen, guten Wünschen etc. versehen und zuschneiden. Unbedingt schadstofffreien Stift verwenden.

JETZT WIRD GEBACKEN:

Eiweiß steif schlagen. Restliche Zutaten zu einer cremigen Masse rühren und das Eiweiß unterheben. Je einen Löffel Teig auf das Backpapier geben. Diesen zu dünnen zu Kreisen verstreichen und 5 (bis 12) Minuten im vorgeheizten Backofen (E-Herd: 125 °C, Umluft-Herd: 150 °C) backen. Die Erfahrung zeigt, dass die Backzeit etwas vom Ofen abhängt.
Da sollte man sich rantasten: Die Backfarbe soll noch schön hell und höchstens am Rand etwas gebräunt sein. Am besten immer nur zwei gleichzeitig backen. Die ganz Flotten, die schon etwas Übung haben, können es mit drei versuchen.

DANN MUSS MAN SICH SPUTEN:

Mit einer Teigpalette oder einem Messer den Teig vom Papier lösen. Spruchstreifen auflegen (1.) und einmal mittig falten (2.). Anschließend über einen Glasrand falten (3.), um ihnen die typische Glückskeksform zu geben. Über dem Glasrand auskühlen lassen.
Gut auskühlen lassen – dann luftdicht verpacken.

Gutes Gelingen und viel Spaß beim Verschenken oder selber knabbern wünscht Euch

von Mizzi

WEITERE TIPPS:

- Backpapier am besten nur einmal verwenden.
- Gebackene Kreise bis zum Falten auf dem warmen Backblech liegen lassen.
- Kekse nach dem Backen sofort falten, sonst brechen sie hierbei leicht.
- Zugegeben, zu diesen Keksen gehört auch etwas Glück beim Backen. Vielleicht holpert es beim ersten, zweiten, ..., vierten Keks ... aber Übung macht schließlich den Meister bzw. die Meisterin.

Zitronen-Joghurt-Gugelhupf mit schwarzem Konfetti

DAS MUSS REIN:

- 450 g Mehl
- 1 TL Natron (wenn man es im Haus hat)
- ½ TL Backpulver
- 1 TL Salz
- Abrieb von 3 mittelgroßen Zitronen
- 400 g Zucker
- 2 EL Vanillezucker
- 160 g Naturjoghurt
- 50 ml Buttermilch
- 100 ml Zitronensaft, ca. 2-3 ausgepresste Zitronen
- 230 g weiche Butter
- 5 Eier

DAMIT'S NOCH BESSER WIRD:

- 200 g weiße Schokolade
- 1-2 EL Mohn, Chia-Samen oder schwarzer Sesam

NUN WIRD GEHUPFT:

Ofen auf 175 °C Ober-/Unterhitze vorheizen, Gugelhupfform einfetten und bemehlen.
Zitronen reiben, Abrieb mit dem Zucker mischen und auf die Seite stellen.
Joghurt, Zitronensaft und Buttermilch mischen und beiseitestellen.
Mehl, Salz, Natron und Backpulver in eine Schüssel sieben. Weiche Butter schaumig schlagen, Zitronen-Zucker hinzufügen und weiter gut rühren. Eier nach und nach hinzugeben, dazwischen immer gut verrühren. Dann abwechselnd Joghurt-Masse und Mehlmischung in den Teig geben, gut umrühren, aber nicht allzu lange.
Teig in die vorbereitete Form geben und ca. 35-45 Minuten goldbraun backen.
Etwas abkühlen lassen und auf einen Rost stürzen, hier komplett auskühlen lassen.
Für die Glasur weiße Schokolade in einem Wasserbad schmelzen, über den Kuchen laufen lassen und Mohn oder Chia-Samen oder schwarzen Sesam wie Konfetti darüber streuen. Aushärten lassen und dann genießen.

von Fräulein Frieda

Preiselbeer-Sahnetorte

mit Waldbeer-Flair

FÜR BODEN UND DECKEL:

- 4 Eier
- 150 g Zucker
- 100 g Mehl (gesiebt)
- 30 g flüssige Butter

FÜR DAS INNENLEBEN:

- 500 ml Sahne
- 3 Päckchen Sahnesteif
- 2 Päckchen Vanillezucker
- ca. 5 EL Brombeermarmelade
- 1 Glas (ca. 400 g) Preiselbeeren
- ca. 300 g Himbeeren

UND NOCH WAS ZUM AUFHÜBSCHEN:

- Esspapierblüten
- gehackte Pistazien o. Ä.

SO GEHT'S LOS:

Eier mit Zucker sehr lange, sehr schaumig rühren (falls vorhanden in einer Küchenmaschine ca. 15 Minuten lang rühren lassen), dann das gesiebte Mehl unterheben. Den Teig in eine Springform füllen, dann flüssige Butter darüber träufeln.

Alles bei 180 °C ca. 30 Minuten backen.

Um die Torte später zu füllen, den ausgekühlten Boden mittig halbieren und die obere Hälfte bei Seite legen.

von Fr. Dr. Hä

WEITER GEHT'S MIT DER SCHICHTARBEIT:

Den unteren Boden auf eine Tortenplatte legen und mit ca. ½ Päckchen Sahnesteif bestreuen und dann mit Brombeermarmelade bestreichen. Einen Tortenring um den Boden legen.
Die Sahne mit Vanillezucker und dem restlichen 2 ½ Päckchen Sahnesteif schlagen, dann Preiselbeeren unterheben. Ein Drittel der Preiselbeersahne auf dem Boden mit der Brombeermarmelade verteilen. Die Himbeeren in einer Schicht darauf verteilen und ein weiteres Drittel der Preiselbeersahne darüberstreichen.
Den oberen Boden in Tortenstücke schneiden (dann tut man sich später beim Schneiden leichter) und auf die Sahneschicht legen. Dann mit dem Rest der Preiselbeersahne bestreichen (außen im Sahnerand mit einem Messer markieren, wo die Tortenstücke des oberen Bodens schon geschnitten sind – dann hat man für das Schneiden die Markierungen und die Sahne quetscht nicht so sehr raus).

Die Torte zum Schluss noch dekorieren, z. B. mit gehackten Pistazien und Esspapierblüten.

Nussecken

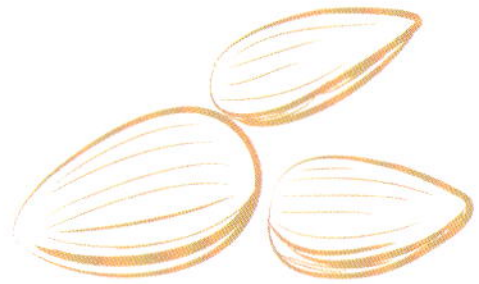

FÜR UNTEN DRUNTER:

- 400 g Vollkornmehl (Dinkel oder Weizen)
- 120 g Margarine
- 100 g Banane
- 200 g Vollrohrzucker
- 1 TL Backpulver
- 1 Prise Salz
- 6 Eiweiß

FÜR OBEN DRAUF:

- 400 g Nüsse (z.B. Mandeln, Haselnüsse)
- 100 g Vollrohrzucker
- 80 g Margarine
- 100 ml pflanzliche Sahne (z.B. Hafer, Kokos, Soja)
- 1 TL Zimt
- 3 EL Aprikosenmarmelade

Dies ist eine vegane Variante; nach Wunsch kann natürlich auch Butter und tierische Sahne verwendet werden.

JETZT GEHT'S RUND BZW. ECKIG:

Alle Zutaten des Teigs mit der Hand mischen und verkneten, bis eine homogene Masse entsteht. Kurz ruhen lassen.
Währenddessen Nüsse mahlen oder hacken, Margarine im Topf schmelzen, Sahne und Zucker zugeben und gut verrühren. Nüsse und Zimt einrühren.
Teig auf einem Backpapier verteilen bzw. ausrollen, mit Marmelade bestreichen und Nussmasse aufstreichen.
Bei 160 °C Ober-/Unterhitze für 25 Minuten backen.

P.S.: Lässt sich auch gut noch mit Schokoladenguss dekorieren!

von Schlaubi

Käsekuchen „Alexa“

DAS MUSS REIN:

Mürbteig:

- 225 g Mehl
- 120 g Butter
- 70 g Zucker
- 1 Ei
- 1 Prise Salz

Füllung:

- 100 g Butter
- 125 g Zucker
- 4 Eier, getrennt
- 1 EL Stärkemehl
- Saft und Schale von 1 unbehandelten Zitrone
- 500 g Schichtkäse
- ¼ l süße Sahne

Vor vielen Jahren hat uns eine Freundin meiner Mutter namens Alexa dieses Rezept geschenkt.

von Dr. Bonbon

SO WIRD'S FEIN:

Aus den Teigzutaten einen Mürbteig kneten und für eine Stunde kühl stellen.
Den Boden einer gefetteten oder mit Backpapier ausgelegten Springform mit Teig auslegen und bei 200 °C ca. 12 Minuten vorbacken.

Für die Füllung Butter, Zucker und die vier Eigelb schaumig rühren.
Stärkemehl mit Zitronensaft verrühren und zugeben. Zitronenschale abreiben und unterrühren.
Schichtkäse mit süßer Sahne glatt rühren.
Eigelbmasse unterrühren, sehr steifen Eischnee von den vier Eiweiß unterheben.
Den Rand der Form mit Teig auskleiden, Füllung hineingeben, bei 180-200 °C 45-55 Minuten backen.

Malakoff-Torte

ZUTATEN MIT SCHUSS:

- 4 Eier
- 120-140 g Zucker
- 150 g Butter / Margarine
- 250 g gemahlene Mandeln
- 1 Schuss Rum (oder mehr)
- 125 ml Buttermilch
- 2 Packungen Löffelbiskuit (ca. 48 Stück)
- ¼ l geschlagene Sahne

BACKE-BACKE-OHNE-OFEN-TORTE:

Eier mit Zucker verrühren.
Butter / Margarine schmelzen und unterrühren.
Mandeln dazugeben, Rum und Buttermilch einrühren.

In einer Tortenform (Springform) eine Schicht Biskuit möglichst passend nebeneinander legen (Lücken mit gebrochenen Teilen füllen) und mit Milch bepinseln, so dass das Löffelbiskuit leicht durchtränkt wird.

Dann eine Schicht von der Mandel-Masse über die Biskuits geben und das gleiche wiederholen (reicht für ca 3 Schichten).

Über Nacht in den Kühlschrank stellen. (Wichtig, weil die Torte durchziehen muss!)
Vor dem Servieren die Form öffnen und mit geschlagener Sahne bestreichen.
Nach Belieben noch verzieren.

von Andrea Andrade

Fundraising

Cranachan

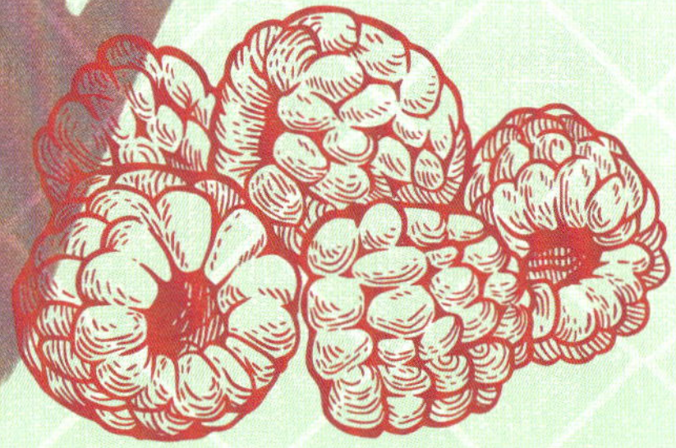

von MaggieMcDudel

FINE, FINE, FINE...
DAS MUSS REIN:

- 3 EL Haferflocken
- 300g Himbeeren
- 2 cl Whisky
- 2 EL Honig
- 250 ml Schlagsahne
- Eventuell etwas Zucker

Als schottische Clownin hat Maggie McDudel ein Faible für schottische Desserts. Cranachan ist ein Klassiker der schottischen Küche und kombiniert Whisky, Himbeeren und Haferflocken, alles Zutaten, die im etwas rauen schottischen Klima hervorragend wachsen oder produziert werden.

THE ZUBEREITUNG:

Die Haferflocken in einer beschichteten Pfanne bei niedriger Hitze (ohne Öl) unter Rühren leicht anrösten, anschließend gut auskühlen lassen.
Den Honig und den Whisky miteinander verrühren.
Die gut gekühlte Sahne in einer Schüssel steif schlagen und die Honig-Whisky-Mischung sowie 2 EL angeröstete Haferflocken unterheben.
Nach Belieben die Himbeeren mit etwas Zucker bestreuen.
Die Himbeeren und die Sahnemasse abwechselnd in vier hohe Dessertgläser schichten, wobei die letzte Schicht Sahne sein sollte. Ca. 1 Stunde kühl stellen.
Zuletzt mit 1 EL geröstete Haferflocken dekorieren und jeweils eine Himbeere darauf setzen.
Eventuell mit einem Blatt frische Minze verzieren und servieren.

Rote-Nasen-Kuchen

DAMIT WIRD'S LECKER:

Teig:

- 150 g Zucker
- 2 Eier
- 1 Päckchen Vanillezucker
- 175 g Mehl
- ½ Päckchen Backpulver
- 50 g Öl
- 75 g Holundergelee

Belag:

- 300 g rote Johannisbeeren gewaschen und entstielt
- 200 ml Sahne
- 2 Päckchen Vanillezucker
- 150 g Schmand
- 25 g Holundergelee
- Himbeeren zur Deko

von Gabi Sabo
PR und Öffentlichkeitsarbeit

IMMER DER NASE NACH:

Den Backofen auf 175 °C Ober-Unterhitze vorheizen.
Zucker, Eier und Vanillezucker ca. 5 Minuten schaumig schlagen.
Mehl, Backpulver, Öl und Holundergelee zugeben, verrühren und in eine gefettete Springform geben. 15-20 Minuten backen, auskühlen lassen.
Sahne mit Vanillezucker sehr steif schlagen, zur Seite stellen.
Schmand mit Holundergelee glatt rühren, die Sahne portionsweise unterheben, dann die Johannisbeeren unterheben.
Auf dem Teig verteilen, mit Himbeeren dekorieren.

Mindestens eine Stunde kalt stellen.

Herzoginnen

HAST DU ALLES?

- 4 Eiweiß
- 150 g braunen Zucker
- 200 g geriebene Haselnüsse
- 1 Päckchen Bourbon Vanillezucker
- 40 g Mehl
- 65 g geschmolzene Butter
- Nussnougatcreme

SO WIRD'S GEMACHT:

Das Eiweiß steif schlagen, dann Zucker und Vanille dazu, anschließend die geriebenen Haselnüsse und das Mehl untermischen.
Zum Schluss die warme zerlassene Butter vorsichtig unterheben.
Mit einem Teelöffel kleine Häufchen aufs Backblech setzen.
Im vorgeheizten Backofen bei 175 °C ca. 15 Minuten hellbraun backen und abkühlen lassen.
Jeweils 2 Plätzchen mit Nussnougatcreme bestreichen und zusammenkleben.

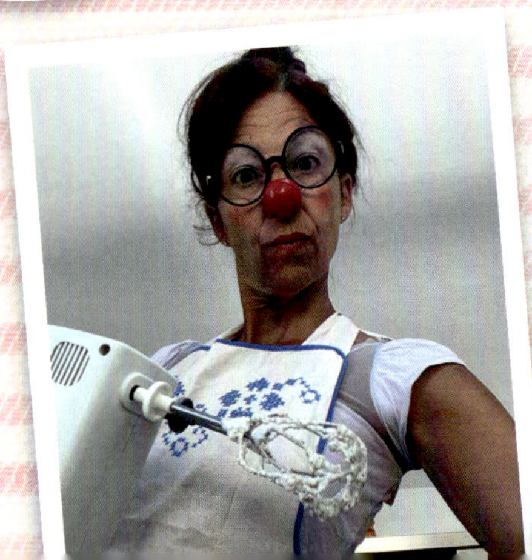

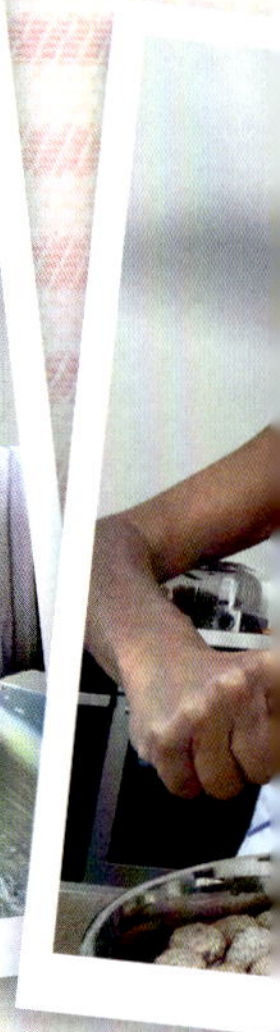

... eigentlich sind es Plätzchen für die Weihnachtszeit, aber man kann sie das ganze Jahr über essen, zum Kaffee oder Tee...

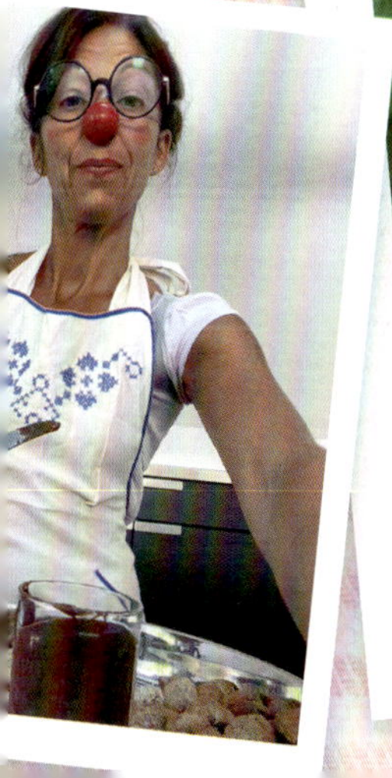

von Bella Donna

Rhabarberkuchen

mit Mandelbaiser

FÜR UNTEN DRUNTER:

- 150 g Butter oder Margarine
- 125 g Zucker
- 1 EL Vanillezucker
- 2 ganze Eier
- 3 Eigelbe
- 150 g Mehl
- 75 g Speisestärke
- 1 ½ TL Backpulver
- 600 g Rhabarber

FÜR OBEN DRAUF:

- 3 Eiweiße
- 1 Prise Salz
- 175 g Zucker
- 50 g gemahlene Mandeln
- 1 EL Zitronensaft

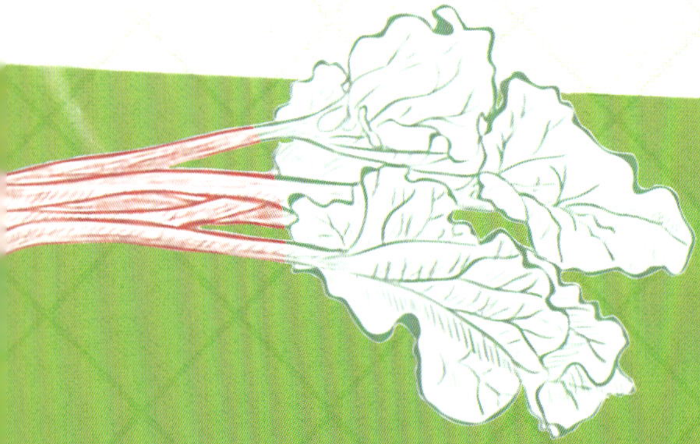

OBACHT, JETZT WIRD'S LECKER:

Den Rhabarber schälen und die Enden der Stangen abschneiden. Die Rhabarberstangen in ca. 4 cm lange Stücke schneiden. Beiseite stellen.

Die weiche Butter oder Margarine mit Zucker und Vanillezucker schaumig schlagen.

Zwei ganze Eier und drei Eigelbe nach und nach unter die Buttermasse rühren. Mehl mit Speisestärke und Backpulver mischen und unter den Teig ziehen.

Den Backofen auf 180 °C vorheizen. Eine Springform (26 cm Durchmesser) einfetten. Den Teig in die Form füllen.

Rhabarber darauf verteilen, die Stücke leicht in den Teig drücken.

Den Kuchen 25 Minuten auf der mittleren Schiene backen.

Eiweiße mit dem Salz halbsteif schlagen. Zucker einrieseln lassen und den Schnee schlagen, bis er schnittfest ist. Gemahlene Mandeln und Zitronensaft untermischen.

Den Eischnee auf den vorgebackenen Kuchen verteilen und mit dem Löffel kleine Spitzen nach oben ziehen.

Den Kuchen in weiteren 20-25 Minuten fertig backen.

Auskühlen lassen, aus der Form nehmen.

Nach Belieben verzieren und dekorieren, z.B. mit Rhabarberblättern, Nüssen, Schokodrops, Clownsnase.

von Rosalie Sprudl

Wiener Apfelstrudel

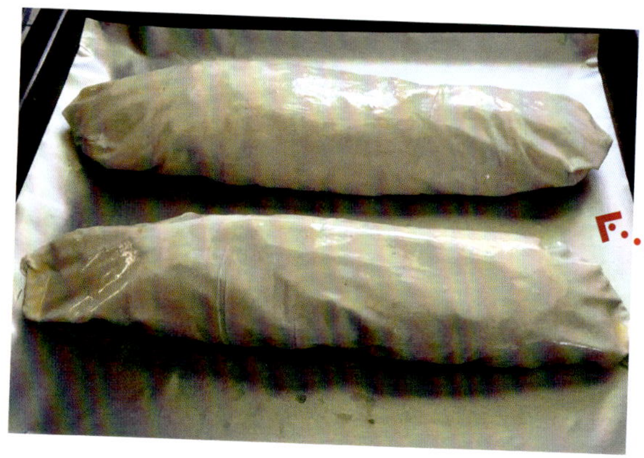

KÜSS-DIE-HAND-DIE-ZUTATEN-BITTE-DANKE:

- Strudelteig, selbst gemacht oder gekauft
- 3-4 Äpfel, süß-säuerlich
- Zitronensaft
- Zucker nach Belieben, Zimt
- Butter zum Anrösten und Bestreichen, zerlassen
- ca. 50 g Semmelbrösel
- ca. 50 g geriebene Haselnüsse
- 1 Handvoll Rosinen, in Wasser einweichen
- 100-150 ml Schlagsahne, halbfest geschlagen

NUN WIRD GESTRUDELT:

Die Äpfel schälen, entkernen, in dünne Scheiben schneiden, mit Zitronensaft beträufeln, damit sie nicht braun werden, mit Zucker und Zimt bestreuen.
Butter aufschäumen und Semmelbrösel darin anbräunen, zu den Äpfeln geben, ebenso die Haselnüsse und die Rosinen (ohne Wasser). Alles vermischen.
Auf ein feuchtes Tuch ein trockenes legen. Den Strudelteig ausbreiten, alle Ränder mit zerlassener Butter bestreichen.
Im oberen Drittel die Füllung verteilen, links und rechts ca. 3 cm frei lassen. Darauf die halbfest geschlagene Sahne verteilen.
Dann den Teig von oben mit dem trockenen Tuch einrollen, dabei die Ränder festdrücken, bis zum unteren Rand eine große Rolle formen, die Naht und die Ränder mit Butter bestreichen und andrücken.
Auf ein mit Backpapier ausgelegtes Backblech rollen, den gesamten Strudel mit Butter bestreichen.
Mit weiterem Teig ebenso verfahren.
Ca. 30-40 Minuten backen.
Mit Staubzucker bestreuen.

Wer will kann Vanillesoße oder Eis dazu servieren, aber pur schmeckt er am besten!

von Elisabeth Makepeace-Vondrak
Vorsitzende KlinikClowns Bayern e.V.

Rührkuchen mit Nuss oder Mandel

FIX BESORGEN:

- 5 Eier
- 200 g Zucker
- 1 Päckchen Bourbon Vanillezucker
- 200 g Butter
- 125 g Mehl
- ½ Päckchen Backpulver
- 200 g gemahlene Mandeln oder Haselnüsse
- ca. 8 EL Milch oder Hafermilch

UND DANN RAN AN DIE RÜHRSCHÜSSEL:

Eier trennen. Eiweiß zuerst steif schlagen, beiseite stellen. Dann Eigelb, Zucker, Vanillezucker und Butter vermengen. Mehl und Backpulver einstauben und verrühren. Gemahlene Mandeln oder Haselnüsse unterrühren. Es ergibt sich eine zähe Masse, die durch die Zugabe von Milch oder Hafermilch sämig wird. Abschließend das Eiweiß unterheben, nicht rühren. Das Ganze in eine gefettete und gemehlte Kuchenform geben und bei 175 °C eine Stunde in den Ofen.

Geht schnell, praktisch gleich im handlichen Flightcase, schmeckt ohne Abdeckung locker 5 Tage lang gut.

von Dr. Steffo

Zitronen-Traum

ZUM TRÄUMEN BRAUCHT MAN:

- 2 Tassen Zucker (Kaffeebecher á 300 ml)
- 4 Eier
- 3 Tassen Mehl
- 1 Päckchen Backpulver
- 1 Prise Salz
- 1 Zitronenaroma
- 1 Tasse Sonnenblumenöl
- 1 Tasse Selterwasser (mit Kohlensäure)

AUFGEWACHT, JETZT GEHT'S ANS BACKEN:

Alle Zutaten in eine Schüssel geben und mit dem Handrührgerät verrühren bis der Teig Blasen schlägt.
Ein tiefes Backblech mit Butter fetten. Teig auf das Backblech geben und bei 190 °C für 25 Minuten im Backofen (nicht vorgeheizt) backen.
Aus Zitronensaft und Puderzucker einen Zuckerguss erstellen und über den abgekühlten Kuchen geben.
Mit bunten Streuseln verzieren.

Der Lieblingskuchen von
Fräulein Dr. Charlotte Lowa

Rote Clownsnasen

DIE NASEN-ZUTATEN:

- 140 g Datteln
- 100 g Mandeln
- 100 g Cashewnüsse
- 50 g Kokosraspeln
- 3 EL Rote Beete Pulver
  oder wer es fruchtig mag:
- 40 g gefriergetrocknete Himbeeren

JETZT GEHT'S RUND:

Die Nüsse und die Kokosflocken mit den kleingeschnittenen Datteln, dem Rote Beete Pulver oder den Himbeeren und drei Esslöffeln Wasser mit dem Zauberstab oder in einer Küchenmaschine zu einer glatten Masse pürieren. Je nach Vorliebe nicht ganz breiig werden lassen, sondern einige Nussstücke erhalten lassen.
Aus der Masse ca. 18 Kugeln formen. Die fertigen Kugeln in Kokosraspeln, rote Beete Pulver oder zerstoßenen gefriergetrockneten Himbeeren wälzen.
In einer geschlossenen Dose im Kühlschrank aufbewahren.

von Frl. Lupine

Birnen in Cassis
mit Pistazienschaum

Dieses Rezept hat „Trudi" aus dem Koch eines französischen Restaurants „herausgepresst" und nun schon oft für Familie und Freunde gemacht. Mal ein Dessert bisschen anders...

FÜR DIE CASSIS-BIRNEN:

- 2-3 Birnen
- 500 ml schwarzer Johannisbeersaft
- 2 EL Zucker
- ½ Vanilleschote
- 1 TL Agar Agar (oder 6 Blatt Gelantine)

UND FÜR DEN PISTAZIENSCHAUM:

- 2 Tütchen gehackte Pistazien
- 1 Becher Crème fraîche
- 2 EL Puderzucker

ERSTMAL RAN AN DIE BIRNEN:

Birnen schälen, entkernen und in dünne Spalten schneiden. Johannisbeersaft, Zucker und Vanilleschote zusammen erhitzen und darin die Birnenspalten eine Weile leicht köcheln. Agar Agar (wahlweise eingeweichte und ausgedrückte Gelantine) in kaltem Wasser auflösen und in das Birnen-Saft-Gemisch rühren.
Topf vom Herd nehmen, in eine kalt ausgespülte Form (oder 4 kleine Portionsförmchen) gießen und für 4 Stunden kalt stellen.

NUN WIRD'S SCHAUMIG:

Pistazien, Crème fraîche und Puderzucker zusammen im Blitzhacker pürieren.

Die Birne aus der Form / den Förmchen kopfüber stürzen, mittig auf dem Teller anrichten und den Pistazienschaum drumherum garnieren.

von Dr. Trudi Eierfleck

Berner Schokoladen-kuchen

Die beste Schokolade gibt es in der Schweiz. Und einer der besten Schokoladenkuchen stammt aus Bern. Er schmeckt nicht nur köstlich, sondern ist auch schnell zubereitet.

DIE SCHOKI-ZUTATEN:

- 150 g Blockschokolade (Vollmilch)
- 100 g Instant-Schokoladenpulver (für Milchgetränke)
- 150 g Butter oder Margerine
- 250 g Zucker
- 100 g Mehl
- 6 Eigelb
- 6 Eiweiß

AUSSERDEM:

- Margerine zum Einfetten
- Puderzucker zum Bestäuben

von Dr. Ilsebilli

AUF DIE SCHOKI, FERTIG, LOS:

Schokolade sehr fein reiben und mit dem Schokoladenpulver mischen. In einer anderen Schüssel Fett und Zucker schaumig rühren, unter Rühren Eigelb zugeben, dann nach und nach Schokolade und Mehl daruntermischen.
Eiweiß zu festem Schnee schlagen und mit einem Spachtel unterheben.
Springform von 26 cm Durchmesser einfetten. Den Teig einfüllen und sofort im vorgeheizten Backofen bei 160 °C ca. 45 Minuten auf der unteren Schiene backen.
Nach der Backzeit den Kuchen im leicht geöffneten, ausgeschalteten Ofen abkühlen lassen.
Nach dem Erkalten vorsichtig aus der Form lösen und auf ein Kuchengitter stürzen. Mit Puderzucker bestäuben.

TIPP: Wer den Berner Schokoladenkuchen zu einer Supertorte machen möchte, kann ihn nach dem Erkalten mit Schlagsahne, Schokoladensahne oder Buttercreme füllen.

Persischer Milchreis

mit Kardamom, Pistazien & Rosenwasser

Dies ist eine (persisch, arabisch, türkisch-kurdische) Variante des Klassikers... Sie ist umwerfend aromatisch und einfach ein Träumchen! Man kann sie heiß oder auch kalt zu jeder Tageszeit servieren!

FRISCH VOM BASAR:

- 400 ml Vollmilch
- 120 g Sahne
- 1 Vanilleschote (das Mark herausgekratzt)
- 8 Kardamomkapseln, leicht zerdrückt
- 120 g Milchreis
- 30 g Butter, in Würfel geschnitten
- 2 EL Kondensmilch
- 1 EL Honig (Akazien oder anderer milder Honig)
- Salz
- 3 EL Pistazienkerne, geröstet und gehackt
- 1 EL getrocknete Rosenblütenblätter zum Bestreuen

FÜR DEN DUFTENDEN SIRUP:

- 1 EL Honig
- ½ EL Rosenwasser

ES WIRD ORIENTALISCH:

In einem mittelgroßen Topf die Milch bei starker Hitze mit Sahne, Vanilleschote, Vanillemark und Kardamom erhitzen. Kurz bevor die Flüssigkeit kocht, den Topf vom Herd nehmen, abkühlen lassen und am besten über Nacht im Kühlschrank ziehen lassen.

Für den Sirup den Honig mit Rosenwasser und 1 Teelöffel Wasser verrühren, bis er sich aufgelöst hat.

Den Reis zur Milchmischung geben, aufkochen und 20 Minuten unter ständigem Rühren bei mittlerer Hitze köcheln lassen, bis der Reis gar, aber noch etwas bissfest ist. Gegen Ende der Kochzeit, falls nötig, noch maximal 50 ml Wasser hinzufügen.
Den Topf vom Herd nehmen, Kardamomkapseln und Vanilleschote entfernen.
Butter, Kondensmilch, Honig und eine Prise Salz einrühren.
Den Milchreis in eine Servierschale füllen, mit Pistazien und Rosenblütenblättern bestreuen, mit dem Sirup beträufeln und servieren.

von Mum

Frühlingstorte mit Buchweizenbisquit, Rhabarber, Erdbeeren & Rosmarin-Buttermilch-Mousse

FÜR DEN FRÜHLINGSFRISCHEN BODEN:

- 100 g Butter + etwas für die Kuchenform
- 75 g Buchweizenmehl
- 15 g Speisestärke
- 75 g fein gemahlene Mandeln
- 8 g Weinstein-Backpulver
- 50 g sehr fein geraspelte weiße Schokolade
- 3 Eier
- 100 g Zucker

FÜRS FRUCHTIGE TOPPING:

- 500 g Rhabarber
- 300 g Erdbeeren

LECKERES FÜR DIE BUTTERMILCHMOUSSE:

- 4 Blätter Gelatine
- 300 ml Buttermilch
- 1 Hand voll frische Rosmarinzweige, klein gehackt am besten junge Triebe frisch gepflückt
- 1 TL frisch geriebene Zitronenschale
- 75 g Zucker
- 5 EL Zitronensaft
- 200 ml Schlagsahne

Eine glutenfreie Torte
für geübte BäckerInnen, die
fruchtig-frühlingsfrisch daher kommt…
nicht so süß wie manch andere Torte!

MIT DEM BODEN GEHT'S LOS:

Butter schmelzen, abkühlen lassen.
Rhabarber schälen und in 1 cm kleine Stücke schneiden.
Backpapier auf den Boden einer 28 cm Springform spannen, die Seiten der Form mit etwas geschmolzener Butter bepinseln.
Ofen auf 160 °C Umluft vorheizen.
Buchweizenmehl, Speisestärke, Mandeln und Backpulver mischen.
Eier trennen, Eiweiß mit 50 g Zucker zu Eischnee schlagen, bis der Zucker vollständig aufgelöst ist. Eigelbe mit 50 g Zucker hell cremig aufschlagen, geschmolzene Butter und Schokoraspel dazugeben und weiterschlagen. Eischnee vorsichtig unterziehen, ganz kurz weiterschlagen. Zuletzt die Mehlmischung mit einem Teiglecker vorsichtig und zügig unterheben.
Masse in die Springform geben, Rhabarber darauf verteilen und gleich in den Ofen mittlere Schiene stellen. 30 Minuten backen, dann mit Alufolie abdecken und noch 10 Minuten weiterbacken. Fertigen Kuchen 15 Minuten in der Form, dann auf einem Kuchengitter auskühlen lassen.

Und dann geht's an die Buttermilchmousse-Haube:

Gelatine in kaltem Wasser einweichen. Buttermilch, Zitronenschale und Rosmarin in einem starken Mixer pürieren. 75 g Zucker mit 4 EL Zitronensaft in einem Topf bei mittlerer Hitze schmelzen. Gelatine gut ausdrücken, in der heißen Zuckermasse auflösen. Nach und nach Buttermilch einrühren. In einer Schüssel unter gelegentlichem Rühren kühl stellen, bis die Buttermilch nach ca. 30 Minuten zu gelieren beginnt.
Erdbeeren längs in 0,5 cm dicke, gleichmäßige Scheiben schneiden. Sahne steif schlagen.
Den ausgekühlten Kuchen ringsherum mit Hilfe von ein wenig geschlagener Sahne mit Erdbeerscheiben aus der Mitte der Beeren „bekleben". Übrige Erdbeerabschnitte und restliche Beeren klein würfeln.
Einen Tortenring eng um die Torte ziehen. Wenn die Buttermilch zu gelieren beginnt, geschlagene Sahne und Erdbeerstückchen unterheben und zügig auf der Torte verteilen. Glatt streichen, mindestens 4 Stunden, besser über Nacht kühl stellen.
Tortenring vorsichtig lösen.

von Dr. Würschtl

Sachertorte

DIE FEINEN ZUTATEN:

- 4 Eier, getrennt
- 140 g Schokolade
- 140 g Butter
- 140 g Zucker
- 90 g Mehl
- ¼ Päckchen Backpulver
- Aprikosenmarmelade
- ca. 5 Rippen Kochschokolade
- etwas Milch und Butter

WIE VOM WIENER BÄCKER:

4 Eiklar zu Schnee schlagen.
Schokolade und Butter schmelzen.
In den Eischnee Zucker und die 4 Dotter rühren.
Die geschmolzene Schokolade in den Teig gießen.
Langsam Mehl einrühren.
Backpulver in den Teig rühren.
Tortenform ausbuttern, dann „ausmehlen“ damit der Teig nicht festklebt.

Bei 150 °C 50 Minuten in den Backofen. Je nach Ofen bitte kontrollieren, ob der Teig durch ist.
Auskühlen lassen, Springform entfernen.

Torte in 2 gleichgroße Scheiben schneiden, auseinander nehmen (vorsichtig mit 2 großen Messern abheben) . Die untere Scheibe mit Aprikosenmarmelade bestreichen, Scheiben wieder aufeinander legen und die Tortenoberseite auch bestreichen.

Ca. 5 Rippen Kochschokolade mit etwas Milch und Butter schmelzen und auf der Torte möglichst glatt verteilen.

noch was Leckeres von der waschechten Wienerin

Andrea Andrade Fundraising

KlinikClowns Bayern e.V.
Obere Hauptstraße 3, 85354 Freising
Telefon: 08161-41805
info@klinikclowns.de
www.klinikclowns.de

Mitglied im Dachverband Clowns in Medizin und Pflege Deutschland e.V. und bei The European Federation of Healthcare Clown Organizations (EFHCO)

GESTALTUNG: Stefanie Gekle
www.stefaniegekle-bilderwelten.de

FOTOS S. 10, S. 73, diese und nächste Seite:
Sebastian Höhn, alle anderen Fotos privat

ISBN 978-3-00-070605-9